Christine Marsan

Caderno de exercícios para

ousar mudar a sua vida

Ilustrações de Jean Augagneur

Tradução de Stephania Matousek

Editora Vozes

Petrópolis

© Éditions Jouvence S.A., 2015.
Chemin du Guillon 20
Case 143
CH-1233 — Bernex
http://www.editions-jouvence.com
info@editions-jouvence.com

Tradução realizada a partir do original em francês intitulado
Petit cahier d'exercices pour oser changer sa vie

Direitos de publicação em língua portuguesa — Brasil: 2017, Editora Vozes Ltda.
Rua Frei Luís, 100
25689-900 Petrópolis, RJ
www.vozes.com.br
Brasil

Todos os direitos reservados. Nenhuma parte desta obra poderá ser reproduzida ou transmitida por qualquer forma e/ou quaisquer meios (eletrônico ou mecânico, incluindo fotocópia e gravação) ou arquivada em qualquer sistema ou banco de dados sem permissão escrita da editora.

CONSELHO EDITORIAL
Diretor
Gilberto Gonçalves Garcia

Editores
Aline dos Santos Carneiro
Edrian Josué Pasini
Marilac Loraine Oleniki
Welder Lancieri Marchini

Conselheiros
Francisco Morás
Ludovico Garmus
Teobaldo Heidemann
Volney J. Berkenbrock

Secretário executivo
Leonardo A.R.T. dos Santos

Editoração: Leonardo A.R.T. dos Santos
Projeto gráfico: Éditions Jouvence
Diagramação: Sheilandre Desenv. Gráfi
Revisão gráfica: Fernando Sergio Olivetti da Rocha
Capa/ilustrações: Jean Augagneur
Arte-finalização: Editora Vozes

ISBN 978-85-326-5643-8 (Brasil)
ISBN 978-2-88911-601-0 (Suíça)

Este livro foi composto e impress
pela Editora Vozes Ltda.

Dados Internacionais de Catalogação na Publicação (CIP)
(Câmara Brasileira do Livro, SP, Brasil)

Marsan, Christine
    Caderno de exercícios para ousar mudar a sua vida / Christine Marsan ; ilustrações de Jean Augagneur ; tradução de Stephania Matousek. — Petrópolis, RJ : Vozes, 2017. — (Coleção Praticando o Bem-estar)

    Título original: Petit cahier d'exercices pour oser changer sa vi

    4ª reimpressão, 2022.

    ISBN 978-85-326-5643-8

    1. Autorrealização 2. Mudança (Psicologia) 3. Mudança de vida 4. Otimismo I. Augagneur, Jean. II. Título. III. Série.

17-08627   CDD–158.1

Índices para catálogo sistemático:
1. Mudança de vida : Psicologia aplicada 158.1

1- Ousar mudar a sua vida ou alguma coisa na sua vida?

> *"Quanto ao futuro, não se trata de prevê-lo, mas sim de torná-lo possível."*
>
> Antoine de Saint-Exupéry

Ousar mudar a sua vida? Será que é uma ilusão, uma fuga do cotidiano ou a ousadia de realizar seus sonhos, obter êxito em seus projetos, dar o primeiro passo, aventurar-se em terras desconhecidas e mergulhar de cabeça em...? Cabe a você completar.

A promessa de instantes de alegria, momentos palpitantes, turbulências emocionantes e sonhos de infância a ressuscitar representa um programa e tanto!

2- Vamos fazer um pequeno balanço

Antes de mudar qualquer coisa na sua vida, vamos examina
primeiro se as suas bases são sólidas. De fato, construir um
nova casa em cima de areia movediça poderia resultar em u
fracasso total.

Imagine o seguinte: você sonha em construir uma bela casa em um lindo terreno, o lugar ideal para você e a sua família, e se dá conta de que gasta sem moderação, está sempre no vermelho e tende a explicar que é culpa da situação econômica... Ou então você deseja "refazer" a sua vida, mas não se desvencilhou do ciúme, que já destruiu a sua vida conjugal.

Então, vamos começar com algumas perguntas e um balanço:

Estamos dando valor às nossas bases?

Como construir algo novo se as bases estão corroídas?

2-1 Vamos fazer um panorama do seu cotidiano

2-1-1 Como vai a sua vida amorosa?

Você é solteiro? ☐ Sim ☐ Não

Você está procurando a sua alma gêmea? ☐ Sim ☐ Não

O relacionamento com o seu cônjuge é satisfatório?
☐ Sim ☐ Não

Como você gostaria de viver a sua história de amor?

- ....
- ....
- ....
- ....

Como você poderia melhorar as coisas?

- ....
- ....
- ....
- ....

2-1-2 Qual é a sua relação com o dinheiro?

Você tem dificuldade em acertar as contas no fim do mês?
☐ Sim ☐ Não

Você tem dificuldade em alcançar a abundância?
☐ Sim ☐ Não

Você se sente limitado?
☐ Sim ☐ Não

Você manifesta uma relação serena com o dinheiro (nem pão-duro nem esbanjador)?
☐ Sim ☐ Não

O que poderia deixá-lo plenamente satisfeito?

....
....
....
....
....
....
....
....
....
....
....
....
....
....
....
....

2-1-3 Seu trabalho: Você tem vontade de experimentar outros horizontes?

Você tem vontade de se levantar da cama todos os dias para ir ao trabalho? ☐ Sim ☐ Não

Você se sente realizado com a sua atividade? ☐ Sim ☐ Não

Você acha que já sabe tudo na sua área?
☐ Sim ☐ Não

Está na hora de trocar de trabalho? ☐ Sim ☐ Não

Você se sente à altura do desafio? ☐ Sim ☐ Não

Como andam as suas competências?

....
....
....

O que poderia deixá-lo plenamente satisfeito?

....
....
....
....
....
....
....
....
....
....
....

2-1-4 Obviamente, você pode pensar em muitas outras áreas que gostaria de analisar. Anote-as nas linhas a seguir para completar à vontade::

- ....
- ....
- ....
- ....

2-2 A roda da vida

Esta roda lhe permite listar as diversas esferas da sua exi tência e lhe dá uma ideia do que você poderia melhorar.

PINTE-A!

Interpretação da roda da vida: da insatisfação ao sonho

Você, sem dúvida, já observou um ou vários âmbitos do seu cotidiano que não são satisfatórios. Analise os vínculos deles com o seu sonho. Eles estão na mesma esfera? Você consegue observar uma necessidade ou desejo a satisfazer que vai de encontro ao seu sonho? Estabeleça correlações e correspondências, tire lições dessa roda da vida, dos pontos que você precisa melhorar. E, principalmente, identifique incoerências e dilemas: às vezes, as suas ações ocorrem em um âmbito, e os seus sonhos, em outro... Uma vez essa constatação efetuada, está na hora de considerar as melhorias a operar para concretizar os seus objetivos.

"A felicidade é igual a uma borboleta: ela voa sem nunca olhar para trás."

Robert Lalonde

Ousar mudar a sua vida ou uma parte dela significa **reconhe** **cer um mal-estar ou identificar uma necessidade a satisfaze** **ou querer realizar um sonho**. De qualquer forma, trata-s de sair da sua zona de conforto para empreender o grand salto para a margem almejada, sem nenhuma promessa d atingir o resultado esperado. Então, para evitar desper tar os medos associados ao desconhecido, vejamos algur métodos fáceis de colocar em prática para favorecer concretização do seu sonho, tornando-a tão simples quant uma brincadeira de criança.

Para ousar mudar é necessário acalmar os seus medos. Eles formam principalmente durante a mais tenra infância, em u momento no qual você não tem a sua racionalidade de adul para distinguir os seus sonhos, capacidades e preocupações.

Assim, para dar o primeiro passo é preciso cuidar da su **criança interior**, aconchegada dentro de você, para que ela sinta tranquila e possa ousar empreender transformações.

3- Que tal ousar?

3-1 Meditação

Qual é o seu sonho mais louco?

> **Pequena dica:** você pode gravar as instruções das três etapas lendo devagar, com uma voz calma, deixando intervalos suficientes para que a sua mente siga tranquilamente o caminho proposto pelas indicações. Realize a meditação quantas vezes forem necessárias. Se você já medita frequentemente, pode passar diretamente para a etapa 3-1-3.

"Ninguém nasce guiado por uma estrela ruim. Algumas pessoas simplesmente não sabem interpretar o céu."

Dalai-Lama

3-1-1 Primeira etapa, relaxar:

Reserve um momento para si mesmo, vista uma roupa descontraída e coloque-se em uma posição confortável, talvez em silêncio ou escutando uma música calma ou um mantra. Acenda uma vela, queime um incenso. Deite-se de barriga para cima e relaxe.

3-1-2 Segunda etapa, concentrar-se:

Para **entrar progressivamente em si mesmo**, focalize-se na su
respiração. Dirija toda a sua atenção para a inspiração e
expiração. Você pode até mesmo associar uma palavra a elas
por exemplo: **amor** à inspiração e **gratidão** à expiração. É clar
as palavras certas virão à sua cabeça naturalmente. Respir
dessa maneira durante uns dez minutos. Aproveite o estad
de relaxamento interior e comunhão com o seu corpo. A su
mente se acalma progressivamente.
Deixe esse estado perdurar antes de passar para a próxim
etapa.

3-1-3 Terceira etapa, visualizar o seu sonho:

Imagine uma paisagem de que você gosta muito. Pode ser um
montanha, o mar, uma área rural. É um espaço de revigora
mento no qual você se sente bem e recarrega as suas energia
Imagine-se nesse lugar e sinta no seu corpo os benefíci
específicos do local: a qualidade do ar, o calor do sol na su
pele, a brisa e o iodo do mar, o perfume das flores, o canf
dos pássaros...

gora, traga à mente o seu sonho, deixe-o se desdobrar, como se fosse m pergaminho que você estivesse abrindo completamente. Visualize odas as etapas do seu sonho com calma, de modo a apreciar todos os omponentes dele.

13

Qual é o resultado?

. . . .
. . . .
. . . .
. . . .

Quais são as etapas para atingi-lo?

. . . .
. . . .
. . . .
. . . .

Quem são as pessoas envolvidas?

. . . .
. . . .
. . . .
. . . .

Quais são os seus recursos para obter êxito?

. . . .
. . . .
. . . .
. . . .

Escute o que se diz, experimente as sensações ou os cheiros, admire as cores e as impressões dessa situação, aproveite festa para comemorar o sonho alcançado.

Deixe esse momento invadir você, deixe as imagens e as sensações impregnarem o seu corpo, como se elas estivessem alimentando todas as suas células.

3-1-4 Quarta etapa, guardar uma lembrança:

Depois, quando estiver pronto, volte lentamente à realidade do lugar onde você está deitado. Espreguice-se, respire profundamente e espere alguns minutos antes de abrir os olhos. Em seguida, escreva no seu diário de bordo o que você viu, as imagens, as mensagens recebidas e as impressões, ou seja, guarde um vestígio da sua viagem. E, antes de fazer outra coisa, associe a esse sonho uma lembrança fácil de despertar.

Exemplo: se a sua paisagem preferida for um prado florido, associe a ele uma margarida. Assim, você relembrará mais facilmente o seu sonho e, assim como um cheiro ou perfume característico, bastará você pensar nessa flor para que o fluxo de imagens e sensações desfile novamente e reative a trajetória mental, resgatando as etapas da concretização do seu objetivo.

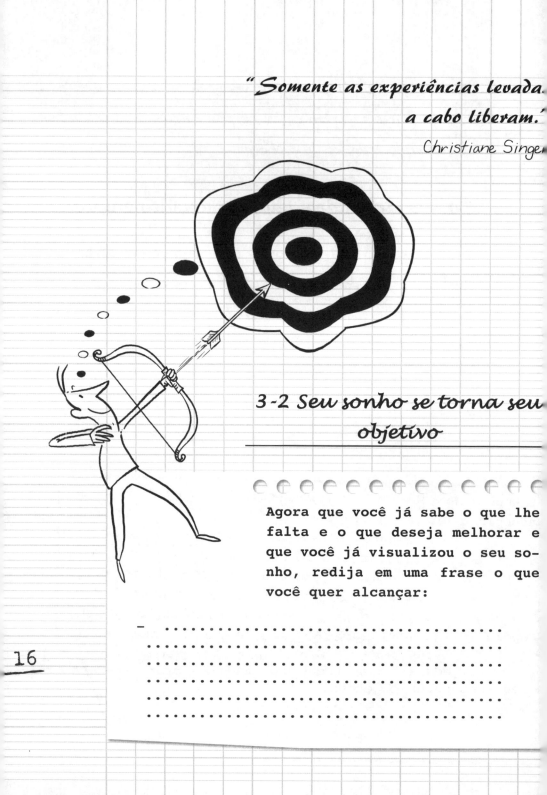

> "Somente as experiências levadas
> a cabo liberam."
> Christiane Singer

3-2 Seu sonho se torna seu objetivo

Agora que você já sabe o que lhe falta e o que deseja melhorar e que você já visualizou o seu sonho, redija em uma frase o que você quer alcançar:

- ....
....
....
....
....
....

Verifique se o seu objetivo corresponde a um verbo de ação. Ele está redigido de maneira positiva, clara e concisa, de modo que uma criança de sete anos possa entendê-lo?

☐ Sim ☐ Não

Pergunte para um parente ou amigo o que ele acha.

Escute os comentários dele, pois sem dúvida há algo a aprender com os conselhos de outra pessoa. Nem sempre temos uma visão clara quando estamos atolados em nossos próprios problemas.

Depois, traga complementos ao seu objetivo: Quando ele poderá ser realizado?

– ....
– ....
– ....
– ....

Estabeleça uma data, etapas e prazos. Identifique as maneiras e recursos para obter êxito e pense em que apoio lhe será necessário.

Examine, dessa forma, todas as condições práticas para realizar o seu objetivo.

4- Acompanhe passo a passo o seu progresso em direção ao sucesso

Pergunte-se:

Amanhã de manhã, o que estou disposto a empreender para mudar?

- ....
- ....
- ....
- ....
- ....

"Não adianta nada puxar os rabanetes para fazê-los crescerem mais rápido."

Provérbio chinês

Para conseguir realizar uma mudança na sua vida, não basta sonhar. É essencial pegar uma enxada, lavrar a terra para plantar uma semente e regá-la para que ela germine. Esta analogia agrícola nos permite entender que, para que a mudança ocorra, são necessárias várias etapas fundamentais:

A mensagem da natureza	A tradução para o seu objetivo
1. Lavrar a terra e preparar o húmus para receber a semente.	Fazer tábua rasa das experiências passadas; realizar um balanço para avaliar o que você realmente quer mudar.
2. Escolher a semente que você quer plantar e respeitar o momento propício para introduzi-la no solo.	Esclarecer seu objetivo, detalhar seu sonho.
3. Regar frequentemente.	Efetuar regularmente ações que contribuam para o projeto inicial.
4. Vigiar para que nenhuma praga venha comer ou estragar o broto.	Identificar as *convicções que bloqueiam* a sua vida, as repetições, as manifestações de fracasso e, em vez disso, promover comportamentos corretivos.
5. Aguardar o tempo necessário para que a semente germine e se transforme em planta.	Desapegar-se. Quando tiver reunido os elementos necessários para uma mudança, aprender a *não colocar o carro na frente dos bois*, deixar as coisas decantarem. Escutar suas emoções e entender a mensagem delas para atravessar os momentos delicados da mudança.
6. Colher os frutos.	Saborear o resultado obtido, comemorar.

Exemplo: Carolina sempre quis criar e cuidar de cavalos. Ela sonhava em ter uma casa de campo com um terreno e cavalos. Como era sua paixão, decidiu fazer um curso para se tornar criadora de cavalos e instrutora de equinos. Informou-se sobre todas as profissões existentes. Realizou vários estágios em diferentes centros equestres no intuito de conhecer melhor as práticas e os métodos. Mais tarde, arrumou emprego em um deles e, após vários meses, consultou alguns bancos para saber as possibilidades de empréstimo, ao mesmo tempo em que monitorava os lugares que estavam à venda ou que podiam ser propícios à concretização de seu projeto. Tendo confiança na vida, conheceu então outras pessoas que nutriam o mesmo desejo. Desde então, todas elas unem suas forças para realizar esse sonho, que se tornou uma visão em comum.

Agora, para realizar o seu sonho, preencha a lista das seis etapas. Observe as fases em que você já investiu energia e descubra o que já está dando certo e o que ainda está emperrado.

Etapa 1

....
....
....

Etapa 2

....
....
....

Etapa 3

....
....
....

Etapa 4

....
....
....

Etapa 5

....
....
....

Etapa 6

....
....
....

5- Ousar mudar. Tá bom, mas e se eu não conseguir?

> *"A verdadeira felicidade não depende de ninguém e de nada exterior. Ela só depende de nós.'*
>
> Dalai-Lam

Querer mudar é uma coisa, conseguir é outra. Muitas vezes existe um abismo entre conceber um sonho, imaginar sua rea lização e a capacidade de concretizá-lo. Trata-se de se basea nas **ideias** e entrar em **ação**. E isso acarreta desconstruçõe: perdas, às vezes tristezas, temores diante do desconhecid Na maioria dos casos, isso leva a ficar inerte, manter o **statu quo**, adiar o projeto ou até abandonar o sonho provisória o definitivamente, mesmo sabendo que os arrependimentos no corroem profundamente.

Então, o que fazer?

Primeiro, encarar suas emoções, entendê-las, decodificá-la e ter em mente que elas informam você sobre o seu desej mais ardente.

As emoções, sensações, percepções e sentimentos são os **barômetros** do seu estado interior. As emoções **positivas**, tais como a alegria, significam que a pessoa está vivendo um bem-estar, está feliz e busca prolongar essa sensação agradável. Ao contrário, as emoções **negativas** são as que fazem a pessoa sentir um mal-estar e um desconforto, indicando justamente um desequilíbrio interior que é preciso examinar para encontrar uma solução. Essas emoções são principalmente o medo, a raiva e a tristeza.

5-1 Filtre os seus comportamentos para alcançar o seu sonho

- Você sonha em ir morar no litoral, mas não arreda o pé da sua cidade interiorana. Por quê? Escute, por exemplo, as coisas que você diz a si mesmo:
    - Eu nunca vou conseguir encontrar o que estou procurando.
    - Não sei se vou fazer novos amigos lá.

– Será que aquela região possui escolas boas para os meus filhos?

– Será que o meu cônjuge vai gostar de morar lá?

Anote as frases que você poderia dizer em uma situação como esta:

– ....
– ....
– ....

Mude de tema e examine suas ações:

– Você está procurando sua alma gêmea, mas será que está fazendo o necessário para encontrá-la? Veja a seguir o que você poderia pensar:

– Ah, amanhã eu saio, hoje estou com preguiça, vou ficar em casa.

– Não sou bonit(a) o suficiente.

– Preciso perder alguns quilinhos antes.

– Ele(a) talvez não esteja a fim de mim...

Anote outras frases que você poderia dizer em uma situação como esta:

– ....
– ....
– ....

Você pode explorar assim vários sonhos, estabelecendo uma ligação com o seu balanço inicial e listando as afirmações que você atribui a si mesmo e que comprovam a sua inércia.

5-2 Convicções limitadoras: Será que você está realmente pronto para mudar?

A que emoção essas diferentes frases correspondem?

Ao medo!

Isso explica por que você não muda. É principalmente por causa dos medos: medo de perder o conforto alcançado, de não estar à altura de suas expectativas, de não mobilizar confiança ou audácia suficiente para ousar realizar a tão sonhada mudança...

"Para onde você está correndo? Não sabe que o céu está dentro de você?"

Christiane Singer

25

Dê asas à sua imaginação...

Pegue lápis de cor e desenhe o que o medo da mudança traz à sua mente.

Dê uma guinada

Depois de desenhar este medo, vire a página: O que você está vendo?

....
....
....

Sem dúvida, você teve uma outra perspectiva do seu medo inicial.

Anote as suas impressões, ideias e sentimentos.

- ....
- ....
- ....

Troque de óculos

Agora, coloque-se no lugar de um *coach* e pergunte a si mesmo: O que aconteceria se esse medo sumisse?

....
....
....

Como seria o seu cotidiano e o seu futuro se não alimentasse mais esse(s) medo(s)?

....
....
....

Se uma varinha mágica pudesse realizar o seu sonho, como você se sentiria?

Que aspectos seriam diferentes para você?

....
....

Em vez de se focalizar nos medos, se observasse o que vai ganhar com a mudança, o que você veria?

. . . .
. . . .
. . . .

Você pode continuar formulando novas perguntas e principalmente respondendo! Você se surpreenderá com a sua força interior!

> *"Faça constantemente aos outros o bem que você gostaria de receber deles."*
>
> Dalai-Lama

Na maior parte das vezes, o fator que bloqueia o caminho das pessoas é a representação que elas têm da realidade, e não a realidade em si. O essencial reside nesta mudança de perspectiva sobre os seus bloqueios. Então, troque de óculos e descubra que **"a solução está contida no problema"**. Se precisar, desabafe sobre suas hesitações e ouça as opiniões que os seus amigos ou certos profissionais lhe darão. Quem não está atolado na situação sempre enxerga com mais facilidade coisas que são óbvias.

A incrível ironia da felicidade alcançada ou *success-blues*

> *"O sucesso é ter o que você deseja.*
> *A felicidade é amar o que você tem."*
>
> H. Jackson Brown

Certas pessoas, durante a vida toda, sonham com projetos e não necessariamente fazem esforços para alcançá-los. Já outras conseguem o que querem. "Maravilha!", pensam elas, "Eu desejava tanto conseguir isso!" Então, qual é o problema?

Assim como as mães, que esperam nove meses para dar à luz o bebê, a tensão concentrada para atingir o objetivo almejado é muito grande. Sem dúvida, você deu o melhor de si, mergulhou de cabeça e dedicou toda a sua energia ao projeto. No dia da concretização, quando você obtém tudo aquilo com que tanto sonhava, de repente passa a sentir um grande vazio. Você fica desamparado, é afetado por algo parecido com o *baby-blues* das mães, pois sua energia não está mais totalmente focada na ação. Chamamos esta estranha sensação de *success-blues*. Quando esse momento de dúvida e inquietação é superado, deve-se saborear o sonho realizado. É aí que você toma consciência de que não está acostumado com esse deleite. Certas pessoas podem até se sentir culpadas por terem recebido esse incrível presente ou desorientadas, não sabendo mais o que **fazer...**

Assim, opera-se uma maravilhosa lição de desapego, um aprendizado do momento presente, uma aula de degustação da felicidade que finalmente chegou. Um convite a *viver*.

Estando ciente acerca dos mecanismos aparentemente paradoxais da sua psique, você pode se adaptar aos ritmos cambiantes do desejo e da satisfação, aprendendo a se deleitar com a felicidade alcançada.

5-3 Saber atravessar as adversidades

Às vezes, quando uma pessoa quer mudar, pode atravessar momentos delicados. Pode ser o estresse por causa das perdas, os medos sobre os quais acabamos de falar, obstáculos reais ou imaginários, **convicções limitadoras**, condicionamentos... O essencial é saber como proceder para não perder o rumo e saber dar a volta por cima. Veja a seguir alguns métodos simples para permanecer concentrado, determinado e sereno em qualquer circunstância.

5-3-1 Concentrar-se todos os dias

Todos os dias, no momento mais calmo para você, sem as crianças, o cônjuge ou os colegas de trabalho por perto, encontre um espaço, reserve um instante para si mesmo e procure se concentrar. Você pode se deitar ou se sentar na posição de lótus para meditar ou colocar-se diante de uma bela paisagem ou foto inspiradora. O essencial é **parar de fazer** o que quer que seja: desligue o telefone e toda fonte sonora que possa perturbar a sua atenção, desative o Wi-Fi e o computador para se desconectar das ondas eletromagnéticas que estimulam o seu cérebro. Concentre-se em si mesmo, na sua respiração, e escute as microssensações interiores, o ritmo das suas inspirações e expirações, as pulsações do seu coração, o fluxo da sua circulação sanguínea e preste atenção em todas as partes do seu corpo, no intuito de **formar uma única entidade consigo mesmo.**

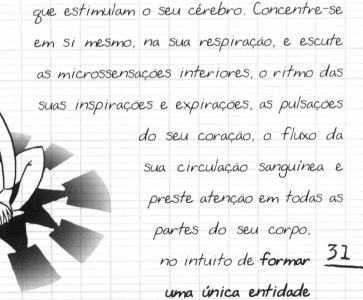

Depois, imagine um espaço infinito, calmo, relaxante, silen
cioso, luminoso, aconchegante e acalentador. Entre nesse lugar
que pode ser a sala de uma casa ou uma paisagem ao ar livre
e deixe-se levar pelos efeitos benéficos desse local inspira
dor. Permaneça ali, contemplando esse **lugar-recurso interior**
Após relaxar, você pode voltar ao aqui e agora, espreguiçar-s
e retomar progressivamente suas atividades.

Treine se concentrar todos os dias, quando tudo estiver ben
e, mais tarde, quando estiver estressado, tenso ou invadid
por algum medo. Ao praticar este exercício cotidianamente
você apreciará os benefícios e perceberá discretas mudan
ças na sua maneira de enxergar os acontecimentos que
vida lhe apresenta.

5-3-2 Atravessar o rio

Quando uma pessoa é tomada e até mesmo arrebatada po
uma emoção negativa (medo, raiva ou tristeza), é bem difíci
ela conseguir reconquistar a calma, concentrar-se em sua
atividades normais e ser tão eficiente quanto costuma ser
Nesse caso, ela foge da emoção em questão, tentando evitá-l
contorná-la, muitas vezes mergulhando de cabeça na ação ou n

agitação. Então, proponho a você descobrir **a analogia do rio** para aprender a atravessar suas emoções em plena consciência.

Imagine que você vá descer um rio de caiaque.

Você pega o seu equipamento, sobe no caiaque e entra no rio. Pode ser que as correntes estejam um pouco tumultuosas. Você será sacudido durante alguns minutos, sentirá algumas gotas respingando na sua cara e, depois, perceberá que atravessou as águas agitadas bem rápido e que tudo deu certo. Chegará então a um laguinho tranquilo em que poderá descansar.

O mesmo vale para os seus tormentos interiores. Você precisa encará-los de frente, escutar e sentir as mais ínfimas evoluções das suas emoções, por mais intensas e incômodas que elas sejam. Ao focalizar a sua atenção naquilo que o está preocupando ou oprimindo, você descobrirá que a causa do seu estresse desaparecerá de forma muito mais eficiente do que se você estivesse negando ou evitando o problema.

Isso também leva menos tempo, pois procurar escapar da realidade geralmente se traduz por pensamentos obcecantes

que corroem a alma de maneira duradoura. Ao atravessar
rio, você recuperará a calma e os seus reflexos de eficiênci
Passará a se sentir disposto a seguir em frente.

5-3-3 Pequena apresentação de boas lembranças

Outro elemento útil para superar os obstáculos que :
erguem diante da realização do seu sonho consiste e
construir uma **pequena apresentação de lembranças pos**
tivas. Encontre condições prop
cias (tire um tempinl
e arrume um esp
ço para si mesm
longe de "bar
lhos" e de qua
quer coisa q
possa atrap
lhar) para rev
sitar a sua v
da e escolh
momentos que l
agradaram em especi

Deixe as lembranças fluírem e faça uma seleção, distinguindo uma espécie de **ranking de melhores momentos**. Deixe-os percorrerem a sua mente, acolha de braços aberto a sequência em que eles aparecerem e aproveite o efeito positivo que eles provocarem no seu estado de espírito. Conserve essa seleção e pense nela pelo menos cinco minutos por dia, no intuito de enraizar esses recursos positivos dentro de si mesmo. Você também notará que, ao praticar este exercício regularmente, outras belas lembranças virão à tona na memória, preencherão a sua mente e eliminarão pensamentos negativos ou convicções que bloqueiam o seu caminho. Esta pequena apresentação de bons momentos lhe trará alegria e serenidade.

5-3-4 Aceitar as desconstruções: o carma-ioga

Existem momentos em que você tem a impressão de que tudo está se acumulando e que, antes de realizar o seu sonho, tudo vai desabar, pois **"desgraça nunca vem sozinha"**. Uma sequência de acontecimentos difíceis pode ser interrompida se você adotar, em plena consciência, as desconstruções.

Por exemplo: *você está com a sensação de que está tudo desabando, e, ao mesmo tempo, uma reforma da fachada do seu prédio tem início. Em vez de resmungar sobre os inconvenientes da situação, enxergue o eco que emana de dentro para fora. Viva em plena consciência a utilização das furadeiras como uma oportunidade de limpar as velhas tralhas, os excedentes inúteis, todas as coisas que você não quer mais e pode deixar ir embora simbolicamente com o entulho da obra. Depois, continue a reforma por dentro: esvazie, arrume, limpe, desvencilhe-se de tudo o que atravanca a sua vida e que você não usa mais há pelo menos cinco anos. Vivencie plenamente essa desconstrução, essa faxina que os iogues chamam de carma-ioga. Ao focalizar toda a sua atenção em todos os atos do cotidiano, como a limpeza de sua casa, simbolicamente você está "purificando o seu buda interior".*

Você pode acrescentar a essa grande faxina o exercício 2 da **travessia do rio** (cf. 5-3-2) e fazer o luto de tudo o que você puder eliminar em plena consciência, sentindo a liberação consecutiva a esse encontro profundo com o que está sendo destruído em você e ao seu redor.

Assim, o vazio pode se estabelecer, criando um espaço livre para receber coisas novas, possibilidades inéditas e todo tipo de potencial. E as surpresas vão começar a surgir!

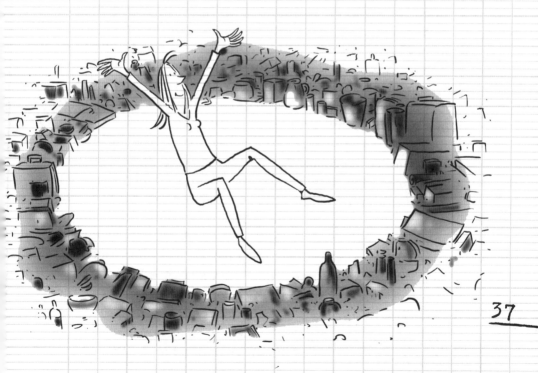

Agir, não agir, desapegar-se

Isso nos leva, ao longo do caminho, até o delicado equilíbrio entre **agir**, **não agir** e **se desapegar**.

Os taoistas chamam o *não agir* de *wu-wei*. Para nós, ocidentais, o conceito não é muito fácil de entender e muito menos de dosar através de atos adequados. Então, vamos usar novamente a alegoria da agricultura.

Já vimos que, antes de plantar uma semente, convém trabalhar a terra para torná-la fértil, reavivá-la após a inércia invernal: remexer, oxigenar, regar e fornecer os nutrientes naturais necessários para fertilizá-la, de modo que ela possa receber a semente e transmitir substratos suficientes para o crescimento da planta. Tudo isso corresponde à ação. Depois, é hora de aguardar enquanto o broto germina e se desenvolve: isso equivale ao *wu-wei*, ao *não agir*, pois já dizia o provérbio: "Não adianta nada colocar o carro na frente dos bois". E, às vezes, dependendo dos nossos projetos, não conseguimos deixar a natureza efetuar suas operações ou outras pessoas assumirem a parte da ação que lhes diz respeito. Continuamos interferindo, tomando iniciativas precipitadas no âmbito do projeto ou botando pressão nas pessoas envolvidas, que vivenciam essa insistência como um assédio, cujas consequências podem acarretar efeitos inversos, tais como desânimo ou resistência. Existe um tempo para a ação e um tempo para a inação, que consiste em aceitar o desapego e deixar a vida seguir o seu rumo no próprio ritmo.

5-3-5 Identificar os mais ínfimos fatores positivos do dia

Às vezes, alguns dias parecem obscuros no meio do caminho até a mudança, a coragem tende a desaparecer, e você pode perder assim toda a esperança de um dia atingir o seu objetivo.

Você pode então repensar no seu dia e identificar toda parcela de luz: Será que você não percebeu um raio de sol, o sorriso de uma pessoa, a palavra carinhosa de um amigo ou a risada de uma criança? Procure relembrar o mais ínfimo acontecimento que, hoje, trouxe uma gota de felicidade que você não viu por estar ocupado prestando atenção nas coisas que estavam dando errado.

Se você conseguir enxergar esse primeiro fator positivo, outros talvez venham à sua mente: o sabor gostoso do café, a suavidade do vento na sua pele... até encontrar os motores da vida, a energia do lado positivo das coisas e a luz no fim do túnel.

Aí, você ganhará ânimo novamente e ímpeto para continuar percorrendo o seu caminho, instaurando os elementos necessários para o seu sucesso.

Os fatores positivos do meu dia:

- ....
- ....
- ....
- ....
- ....
- ....
- ....
- ....
- ....
- ....
- ....
- ....

"Tudo na vida são sinais.

Paulo Coelh

5-3-6 De convicções limitado ras a convicções positivas

Você pode passar um tempo exam
nando uma por uma as convicções q
bloqueiam o seu caminho, procuran
descobrir de onde elas vêm, identif
cando as raízes delas no seu passado
na sua genealogia. **Você também po**
investir energia para transformá-l
em convicções positivas.

Portanto, pegue uma por uma **as convicções limitadoras** que você encontrou anteriormente e transforme-as em convicções positivas. Anote as novas frases negativas que poderiam surgir durante esse exercício, como por exemplo: **"Não adianta nada!"**, **"Se isso bastasse, seria fácil demais!"** E, a cada vez, pergunte-se: A que necessidade isso corresponde?

Exemplo: "Não adianta nada!" — Isso pode corresponder ao medo de fracassar e também à necessidade meio inconsciente de não alterar a sua zona de conforto e os seus hábitos. Modifique o pensamento "Não adianta nada!" assim: "Eu fico feliz com as novas situações e tenho confiança de que vou encontrar as pessoas certas e os recursos necessários ao meu projeto".

Continue transformando cada uma das suas convicções limitadoras em convicção positiva. Quando tiver terminado, **leia-as em voz alta.**

- ....
- ....
- ....
- ....
- ....
- ....
- ....

Tire alguns minutos para refletir sobre os seus sentimentos, pensamentos e emoções: O que está acontecendo dentro de você aqui e agora ao dizer essas frases positivas?

- ....
- ....

Você acredita nelas?   ☐ Sim ☐ Não

E, se ainda estiver duvidando, pergunte a si mesmo: *"E por que eu não teria o direito de experimentar essas novas convicções? O que eu tenho a perder?"*

Então, OUSE!

5-3-7 Enraíze a mudança!

Termine essa sequência através de um **enraizamento com o corpo**.

Para modificar de forma duradoura os seus esquemas interiores, é importante enraizar novos aprendizados.

Fique em pé, com os joelhos relaxados, e imagine raízes saindo dos seus pés e entrando na terra. Imagine a energia da seiva subindo pelo seu corpo, sinta a vida atravessando o seu organismo, procure erguer as costas e mexer os braços, estendendo-os para o céu, como se eles fossem galhos e os seus dedos folhas. Imagine e vivencie o fato de ser uma árvore, ligando a terra e o céu. Fique alguns minutos escutando dentro de si as sensações da vida palpitando nas suas células.

Toda vez que você duvidar, pode repetir a **postura da árvore** e entrar em contato novamente com o seu corpo, saborear a sua presença a si mesmo e resgatar a circulação da vida dentro do seu organismo.

Pequeno resumo

Pôr-se em movimento

1 — Identificar as zonas de desconforto, os medos, as limitações, as zonas de insegurança e as zonas de desvalorização de si mesmo:

— ....
— ....
— ....

2 — Você acha que uma dessas zonas de desconforto pode afetar o seu sonho/objetivo?
Exemplo: falta de dinheiro, impressão de estar submetido a restrições e sentir liberdade ao gastar.

....
....
....

3 — Se for o caso, o que é preciso fazer?
Exemplo: descobrir formas de sentir liberdade que sejam diferentes e compatíveis com o seu sonho.

....
....
....

4 — Você está disposto a efetuar as mudanças necessárias? Seu desejo é mais forte do que o seu desconforto?

....
....
....

6- O bestiário dos recursos

Para conseguir mudar um aspecto da sua vida, é preciso identificar os seus trunfos, suas forças e o que você identifica como fatores que podem ser melhorados.

Veja a seguir alguns animais com os quais sugerimos que você componha uma cartografia dos seus recursos.

6-1 Antes de ler as características de cada animal, pegue um lápis e pergunte a si mesmo:

De que você gosta em cada um desses animais?

Golfinho: ....

Veado: ....

Pomba: ....

Lobo: ....

Borboleta: ....

Aranha: ....

Lebre: ....

Tartaruga: ....

Vaca: ....

Que qualidades você lhes atribui?

Golfinho: ....

Veado: ....

Pomba: ....

Lobo: ....

Borboleta: ....

Aranha: ....

Lebre: ....

Tartaruga: ....

Vaca: ....

Que motivos de repulsa você sente com relação a cada um deles?

Golfinho: ....

Veado: ....

Pomba: ....

Lobo: ....

Borboleta: ....

Aranha: ....

Lebre: ....

Tartaruga: ....

Vaca: ....

Veja a seguir, em poucas palavras, os símbolos de cada um dos animais citados:

O golfinho expressa tudo o que diz respeito ao nosso sopro de vida e força vital. Esse mamífero nos ensina que é preciso controlar a nossa respiração para alcançarmos a superação pessoal e nos liberarmos dos nossos fardos. Quem tem a energia do golfinho pode se tornar mediador entre os homens e a força divina.

O veado representa a candura. Ele simboliza a visão que ultrapassa os elementos materiais e superficiais da vida. Ele nos ensina a distinguir o cerne das coisas e as causas em vez dos efeitos. O veado representa a gentileza e o amor incondicional. Ele não faz diferença entre o bem e o mal, entre a luz e a escuridão. A força do veado nos indica que, com todo o amor que manifesta, ele nos incita a aceitar as as fraquezas dos outros e amá-los. É preciso permanecer confiante, pois assim os aspectos negativos se dissipam.

A pomba é fundamentalmente um símbolo de pureza, simplicidade, paz, harmonia, esperança e felicidade reencontrada. Ela representa a sublimação do instinto e também o Espírito Santo. Muitas vezes, essa ave simboliza o que o ser humano contém de eterno, o princípio vital: a alma.

47

O lobo é frequentemente associado ao poder espiritual que o homem deveria adquirir para se tornar um bom caçador. Ele simboliza família, resistência, intuição e aprendizagem. E também o espírito de liberdade, a profunda conexão com os nossos instintos. Além de seu forte instinto materno, a loba possui uma inteligência refinada e aguçada e é capaz de lidar com questões importantes de forma estratégica e diplomática.

A borboleta é o símbolo da metamorfose e da mudança. Ela nos revela que é preciso deixar nossos desejos se realizarem, ousar mudar as nossas vidas e criar novas situações para melhorar o nosso cotidiano.

Existem quatro etapas a completar para virar uma borboleta: a primeira, que constitui o ovo, corresponde ao surgimento da ideia. Em seguida, vem o estado de larva, que consiste em se perguntar se o projeto é realizável. Depois, o casulo permite ligar o projeto a si mesmo. Por fim, ocorre a eclosão, o nascimento do projeto tão aguardado.

Essas etapas se repetem ao longo dos anos, pois efetuamos muitos projetos durante a nossa vida. A força da borboleta nos ajuda a pôr ordem em nossos pensamentos, seguir em frente de forma consciente e concretizar as nossas ideias.

A aranha, que possui oito patas, remete à infinita diversidade das criações. Oito é o dobro de quatro, número que simboliza os quatro ventos, os quatro pontos cardeais e também a matéria, a realização prática das coisas. A aranha significa responsabilidade: é preciso assumir os acontecimentos da vida. Nós próprios tecemos a teia do nosso destino. Ela (aranha não é inseto) nos ensina que devemos enxergar para além do nosso horizonte pessoal e considerar outras dimensões.

A lebre simboliza o renascimento e o equilíbrio. É um dos animais que têm maior facilidade para passar por metamorfoses. Ele representa a intuição e manifesta a exaltação que acompanha um renascimento e uma grande fecundidade. A lebre ajuda a superar os períodos de mudança e seguir as orientações da intuição. Ela também encarna o temor, o medo de ser morta e devorada pelos seres humanos ou por predadores. Ela ensina que, na verdade, atraímos aquilo que mais tememos. É preciso evitar alimentar ideias sombrias, pois ficar remoendo medos pode acabar fazendo com que eles aconteçam.

A tartaruga está asssociada aos grandes mitos da criação do mundo. Lenta e obstinada, ela simboliza a sabedoria e a perseverança. Também personifica a saúde e encarna o mais antigo símbolo do Planeta Terra. A tartaruga possui uma carapaça que nos ensina como nos proteger das feridas, da inveja, do ciúme e da irresponsabilidade dos outros. Ela também ressalta os perigos de querer precipitar o andamento das coisas e aconselha deixar as ideias amadurecerem antes de expô-las aos outros. Sua carapaça é seu escudo de proteção. O fato de ela deixar seus ovos chocarem com o calor do sol mostra que é preciso refletir profundamente sobre suas ideias antes de revelá-las. Sua lentidão nos indica que não se deve apressar as coisas, pois elas virão no tempo certo. Esse animal nos ensina que é preciso proteger nossos sentimentos e fazer uma introspecção.

A vaca remete à ideia de alimento e mãe. Ela nos revela a generosidade, a força vital e regeneradora que nos cerca. A figura de Hathor resume seus diferentes aspectos simbólicos. Ela representa a fertilidade, a riqueza, a renovação, a mãe celestial do sol. Por ser a ama de leite do soberano do Egito, ela é a própria essência da renovação e da esperança.

Como você se sente: lobo, veado, aranha, lebre, pomba, golfinho, tartaruga, borboleta ou vaca?

....
....
....
....

É claro, você pode acrescentar um ou vários animais de que você gosta em especial e continuar o exercício. Quando descobrir o simbolismo do(s) animal(is) que você imaginou e acrescentou, ficará sabendo os motivos da sua escolha.

6-2 A mandala

Depois de terminar a enumeração das qualidades e pontos negativos de cada animal, desenhe um círculo e realize uma **mandala** com a representação de cada animal.

Pegue uma folha em branco, desenhe um círculo perfeito e recorte o centro dele, destacando uma quantidade de segmentos igual à dos animais que você escolheu. Desenhe ou cole imagens desses bichos e disponha os adjetivos ligados às qualidades que você atribuiu a cada um deles. Você pode fazer o mesmo com os pontos negativos, considerando-o como âmbitos de melhoria pessoal.

Componha esse círculo de forma harmoniosa e visualize e seguida a cartografia dos seus recursos: as **qualidades** são a suas forças e trunfos para seguir em frente e dar a volta po cima em todas as circunstâncias. Já **os aspectos de que voc não gosta** serão os âmbitos de melhoria para otimizar os seu talentos. Você pode colar a mandala em um cantinho pesso para que ela lhe dê inspiração todo dia, talvez quando voc estiver praticando a sua ioga ou **Qi Qong** cotidianos. Efetue exercício que consiste em se alimentar com as suas qualidade que são os seus trunfos para fazer a diferença e enraizar cada dia que passa a força necessária para transformar c seus sonhos em realidade.

RESILIÊNCIA significa a capacidade de dar a volta por cin após momentos difíceis e traumáticos e buscar no fundo c si mesmo a força vital para continuar seguindo em frent Também é apostar na novidade, aceitar abandonar o passac e mergulhar no futuro realizando seus sonhos. A resiliênc consiste em vivenciar profundamente o presente, escutar a vida vibrando dentro de si e descobrir o motivo pelo qual você veio à terra.

7- Harmonizar-se com a vida para alcançar as mudanças desejadas

Será que você sabe ler e ouvir os sinais que a vida lhe dá?

Se mudança é sinônimo de vida, como afirma o **I Ching**, não deixa de ser verdade que nem sempre conseguimos despertá-la facilmente. Muitos de nós esperam até o último limite para se mexerem ou modificarem alguma coisa em seu cotidiano. Assim, com frequência é por obrigação que as transformações se operam.

7-1 Os obstáculos são os trabalhos práticos do caminho da nossa vida

Trata-se de entender que os obstáculos indicam que a vida lhe **faz um favor** ao colocar no seu caminho **trabalhos práticos** que correspondem ao que você deve superar para realizar os seus sonhos e desejos. É por isso que é muito importante esclarecer a ligação entre os seus desejos e comportamentos.

Será que está tudo alinhado em direção a um único e mesmo objetivo?

Você deve prestar atenção principalmente na coerência entre o que você realmente deseja viver e obter **e** os seus atos. Será que tudo converge no mesmo sentido ou será que você dissipa sua energia com objetivos contraditórios ou incompatíveis?

Às vezes, essa busca leva a pessoa a descobrir a missão de sua alma, ou seja, o que ela veio fazer na terra! E quando é o caso, tudo se torna límpido, o coração se transforma, e ela sente energia suficiente para mover montanhas.

Entregar-se à vida, escutar sua dança generosa, ter confiança no fluxo vital e em seus presentes.

7-2 A vida atende aos seus desejos com criatividade

Seja qual for a situação, o universo está aí, à sua escuta, para satisfazer os seus desejos mais loucos. Lembre-se do ditado: "Ajuda-te, e o céu te ajudará". Você deve esclarecer continuamente para si mesmo o que você quer e direcionar todos os seus atos e intenções para esse desejo, sobretudo não se focando na **maneira** como ele vai se realizar. A vida sempre nos atende de forma incrível, pois dispõe de uma criatividade extraordinária para proporcionar soluções inéditas aos nossos profundos anseios, tanto suscitando desconstruções necessárias, que eliminam o que não queremos mais, mesmo que tenhamos assim de **enfrentar** nossas apreensões com relação ao vazio, quanto fornecendo elementos para que nós possamos construir o que vem pela frente. A vida oferece tantas possibilidades que o cérebro de uma só pessoa é obviamente limitado demais para considerar todas elas.

Não pense muito em como você vai realizar o sonho. Concentre-se mesmo naquilo que você deseja.

7-3 Observe e entenda o que a vida lhe proporciona

Tudo é certo, **tudo é perfeito**, diz o Tao, o que é bem difícil aceitar quando você vive momentos traumatizantes. Porém, a vida sempre atende aos seus anseios! Ela é como um reflexo dos desejos da sua alma, do que é mais importante e vibrante no fundo do seu peito, das suas mais sinceras aspirações. O essencial consiste então em determinar estas últimas para si mesmo.

Portanto, pare de pedir e observe o que você já obteve.

Nada? Bom, isso significa então que você não está agindo no caminho certo. Revise o seu rascunho e olhe o que é preciso apagar e corrigir na sua vida para deixar em sintonia os seus: sonhos/desejos/objetivos e ações.

"Quando queremos uma coisa, todo o universo conspira para nos permitir realizar o nosso sonho."

Paulo Coelho

7-4 As sincronicidades informam a direção certa

E assim, um dia, as coisas acontecem: chovem sincronicidades, formando uma enxurrada cada vez mais rápida de resultados. Quando você se encontra e entra em sintonia com os seus sonhos e os desejos da sua alma, com pura simplicidade e autenticidade, a vida lhe concede uma torrente de recompensas. As informações ou acontecimentos se acumulam, e você sempre fica extraordinariamente espantado com a prodigalidade e imaginação da vida. Que maravilha!

Sonho + sintonia e direção certa = sincronicidades: tudo acontece!

7-5 Gratidão

É então que, entendendo as leis da vida, você é invadido po[r] uma onda de gratidão, pois, sejam quais forem os momentos alegres ou dolorosos -, sempre existe um sentido: o da su[a] motivação íntima, de quem você é verdadeiramente. O cami nho da sua vida visa entrar em contato com a essência do se[u] ser, a fim de realizar os projetos da sua alma. Os milagre[s] então se acumulam, e você agradece agora e sempre a generosi dade da vida, que permanece atenta ao seu eu mais profund[o].

> *"Eu faço muito por este mundo e depoi[s] interrompo minha trajetória para dizer obrigada."*
>
> Christiane Singe[r]

8- Ousar mudar a sua vida
Ousar mudar o mundo?

Você percorreu todo o caminho até aqui, movido pela vontade de mudar alguma coisa em si mesmo, na sua esfera pessoal ou profissional. Talvez você queira ir mais longe e exercer um impacto também no ambiente ao seu redor.

"Sejamos a mudança que queremos ver no mundo."

Gandhi

Então, pergunte-se tranquilamente: Em que mundo você deseja viver?

Tire alguns minutos para se concentrar. Feche os olhos e respire profundamente. Depois, deixe a caneta guiar a sua mão:

Como seria o mundo no qual você gostaria de viver? Para você e para os seus filhos?

....
....
....
....
....
....
....
....
....
....
....
....
....
....
....

E que contribuição você gostaria de trazer para esse mundo?

....
....
....
....
....
....
....
....
....
....
....
....
....
....

Que mudanças você precisaria operar em si mesmo ou que ações você poderia empreender para se sentir em harmonia com esse mundo tão desejado?

. . . .
. . . .
. . . .
. . . .
. . . .
. . . .
. . . .
. . . .
. . . .
. . . .
. . . .

"A felicidade é algo que se multiplica quando se divide."

Paulo Coelho

Referências

ANDRÉ, C.; KABAT-ZINN, J.; RABHI, P. & RICARD, M *Se changer, changer le monde*. Paris: L'Iconoclaste, 2014.

MARSAN, C. *Oser changer sa vie*. Genebra: Jouvence, 2013.

_____. *Choisir la paix*. Paris: InterEditions, 2012

_____. *Chemin de Soi*. Paris: Le Manuscrit, 2007.

MAURER, R. *Pequenos passos para mudar sua vida*: Método Kaizen. Rio de Janeiro: Sextante, 2016.

PORTELANCE, C. *Les 7 étapes du lâcher-prise*. Genebra: Jouvence, 2013.

PROUPAIN, N. *Devenez ce que vous êtes*: Une méthode originale pour trouver sa voie. Nogent-le-Rotrou: ESF, 2013.

STAHL, B. & GOLDSTEIN, E. *A Mindfulness-Based Stress Reduction Workbook*. Oakland: New Harbinger, 2010.

Coleção Praticando o Bem-estar
Selecione sua próxima leitura

- ☐ Caderno de exercícios para aprender a ser feliz
- ☐ Caderno de exercícios para saber desapegar-se
- ☐ Caderno de exercícios para aumentar a autoestima
- ☐ Caderno de exercícios para superar as crises
- ☐ Caderno de exercícios para descobrir os seus talentos ocultos
- ☐ Caderno de exercícios de meditação no cotidiano
- ☐ Caderno de exercícios para ficar zen em um mundo agitado
- ☐ Caderno de exercícios de inteligência emocional
- ☐ Caderno de exercícios para cuidar de si mesmo
- ☐ Caderno de exercícios para cultivar a alegria de viver no cotidiano
- ☐ Caderno de exercícios e dicas para fazer amigos e ampliar suas relações
- ☐ Caderno de exercícios para desacelerar quando tudo vai rápido demais
- ☐ Caderno de exercícios para aprender a amar-se, amar e - por que não? - ser amad(a)
- ☐ Caderno de exercícios para ousar realizar seus sonhos
- ☐ Caderno de exercícios para saber maravilhar-se
- ☐ Caderno de exercícios para ver tudo cor-de-rosa
- ☐ Caderno de exercícios para se afirmar e - enfim - ousar dizer não
- ☐ Caderno de exercícios para viver sua raiva de forma positiva
- ☐ Caderno de exercícios para se desvencilhar de tudo o que é inútil
- ☐ Caderno de exercícios de simplicidade feliz
- ☐ Caderno de exercícios para viver livre e parar de se culpar
- ☐ Caderno de exercícios dos fabulosos poderes da generosidade
- ☐ Caderno de exercícios para aceitar seu próprio corpo
- ☐ Caderno de exercícios de gratidão
- ☐ Caderno de exercícios para evoluir graças às pessoas difíceis
- ☐ Caderno de exercícios de atenção plena

- ☐ Caderno de exercícios para fazer casais felizes
- ☐ Caderno de exercícios para aliviar as feridas do coração
- ☐ Caderno de exercícios de comunicação não verbal
- ☐ Caderno de exercícios para se organizar melhor e viver sem estresse
- ☐ Caderno de exercícios de eficácia pessoal
- ☐ Caderno de exercícios para ousar mudar a sua vida
- ☐ Caderno de exercícios para praticar a lei da atração
- ☐ Caderno de exercícios para gestão de conflitos
- ☐ Caderno de exercícios do perdão segundo o Ho'oponopono
- ☐ Caderno de exercícios para atrair felicidade e sucesso
- ☐ Caderno de exercícios de Psicologia Positiva
- ☐ Caderno de exercícios de Comunicação Não Violenta
- ☐ Caderno de exercícios para se libertar de seus medos
- ☐ Caderno de exercícios de gentileza
- ☐ Caderno de exercícios de Comunicação Não Violenta com as crianças
- ☐ Caderno de exercícios de espiritualidade simples como uma xícara de chá
- ☐ Caderno de exercícios para praticar o Ho'oponopono
- ☐ Caderno de exercícios para convencer facilmente em qualquer situação
- ☐ Caderno de exercícios de arteterapia
- ☐ Caderno de exercícios para se libertar das relações tóxicas
- ☐ Caderno de exercícios para se proteger do Burnout graças à Comunicação Não Violenta
- ☐ Caderno de exercícios de escuta profunda de si
- ☐ Caderno de exercícios para desenvolver uma mentalidade de ganhador
- ☐ Caderno de exercícios para ser sexy, zen e feliz
- ☐ Caderno de exercícios para identificar as feridas do coração
- ☐ Caderno de exercícios de hipnose
- ☐ Caderno de exercícios para sair do jogo vítima, carrasco, salvador

Conecte-se conosco:

 facebook.com/editoravozes

 @editoravozes

 @editora_vozes

 youtube.com/editoravozes

 +55 24 2233-9033

www.vozes.com.br

Conheça nossas lojas:
www.livrariavozes.com.br

Belo Horizonte – Brasília – Campinas – Cuiabá – Curitiba
Fortaleza – Juiz de Fora – Petrópolis – Recife – São Paulo

EDITORA VOZES LTDA.
Rua Frei Luís, 100 – Centro – Cep 25689-900 – Petrópolis, RJ
Tel.: (24) 2233-9000 – E-mail: vendas@vozes.com.br